Los primeros viajes escolares
El acuario

por Cari Meister

Bullfrog Books

Ideas para padres y maestros

Bullfrog Books permite a los niños practicar la lectura de texto informacional desde el nivel principiante. Repeticiones, palabras conocidas y descripciones en las imágenes ayudan a los lectores principiantes.

Antes de leer

- Hablen acerca de las fotografías. ¿Qué representan para ellos?

- Consulten juntos el glosario de fotografías. Lean las palabras y hablen de ellas.

Lean en libro

- "Caminen" a través del libro y observen las fotografías. Deje que el niño haga preguntas. Señale las descripciones en las imágenes.

- Lea el libro al niño, o deje que él o ella lo lea independientemente.

Después de leer

- Inspire a que el niño piense más. Pregunte: ¿Alguna vez has ido a un acuario? ¿Cual fue tu animal favorito?

Bullfrog Books are published by Jump!
5357 Penn Avenue South
Minneapolis, MN 55419
www.jumplibrary.com

Copyright © 2016 Jump! International copyright reserved in all countries. No part of this book may be reproduced in any form without written permission from the publisher.

Library of Congress Cataloging-in-Publication Data

Names: Meister, Cari, author.
Title: El acuario / por Cari Meister.
Other titles: Aquarium. Spanish
Description: Minneapolis, MN: Jump!, Inc. [2016] | Series: Los primeros viajes escolares | Audience: Ages 5–8. | Audience: K to grade 3. | Includes index.
Identifiers: LCCN 2015045033 |
ISBN 9781620313268 (hardcover: alk. paper) |
ISBN 9781624963865 (ebook)
Subjects: LCSH: Public aquariums—Juvenile literature. | Aquarium animals—Juvenile literature. | School field trips—Juvenile literature.
Classification: LCC QL78.M3718 2016 |
DDC 597.073—dc23
LC record available at http://lccn.loc.gov/2015045033

Editor: Jenny Fretland VanVoorst
Series Designer: Ellen Huber
Book Designer: Lindaanne Donohoe
Photo Researcher: Lindaanne Donohoe
Translator: RAM Translations

Photo Credits: All photos by Shutterstock except: Alamy, 16–17; Corbis, 10; f11photo/Shutterstock, 5, 8–9; iStock, 11, 14, 15, 20–21.

Printed in the United States of America at Corporate Graphics in North Mankato, Minnesota.

Tabla de contenido

¡Hora de los peces!

¿A donde se dirige la clase?

¡Van al acuario!

¡Wow!

El tanque de agua
de mar es grande.

Ahí viven animales
del océano.

Ema encuentra un
tiburón ballena.

Es el tiburón
mas grande.

Come cosas
pequeñas.

Come huevos
de pescado.

Aquí hay una tortuga marina.

Mide un metro y medio de largo.

Tiene aletas.

Le ayudan a nadar.

aletas

Este animal también
tiene aletas.

¡Es un buzo!

El limpia el tanque.

Alimenta a los animales.

En la naturaleza,
los animales cazan.

14

Aquí los trabajadores los alimentan.

Es por eso que no se comen el uno al otro.

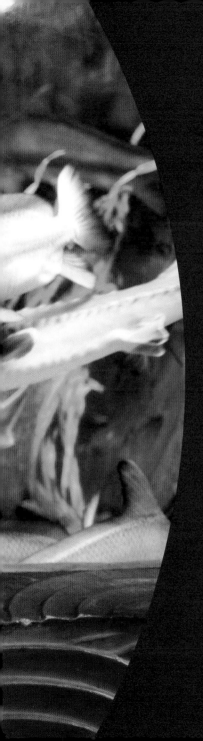

DJ encuentra un tanque
de agua dulce.

Ahí viven peces de lago.

Ty acaricia a
una mantarraya.

Lo hace delicadamente.

Usa la palma de
su mano.

¡Que dia mas divertido!

Animales en el acuario

tiburón

anémona

pez

coral

Glosario con fotografías

agua dulce
Agua que no
es salada, como
en los lagos.

aletas
Extremidad
o calzado
con forma
ancha utilizada
para nadar.

agua marina
Agua salada,
como en
el océano.

buzo
Persona quien
nada debajo del
agua utilizando
equipo especial
para respirar.

Índice

Para aprender más

Aprender más es tan fácil como 1, 2, 3.

1) Visite www.factsurfer.com

2) Escriba "elacuario" en la caja de búsqueda.

3) Haga clic en el botón "Surf" para obtener una lista de sitios web.

Con factsurfer.com, más información está a solo un clic de distancia.